pequeños animales del patio
Las mariposas
Heather Kissock
SPANISH & ENGLISH eBOOKS
AV2 BY WEIGL
ADDED VALUE • AUDIO VISUAL
www.av2books.com

Visita nuestro sitio www.av2books.com e ingresa el código único del libro.
Go to www.av2books.com, and enter this book's unique code.

CÓDIGO DEL LIBRO
BOOK CODE

AVV94546

AV² de Weigl te ofrece enriquecidos libros electrónicos que favorecen el aprendizaje activo.
AV² by Weigl brings you media enhanced books that support active learning.

El enriquecido libro electrónico AV² te ofrece una experiencia bilingüe completa entre el inglés y el español para aprender el vocabulario de los dos idiomas.
This AV² media enhanced book gives you a fully bilingual experience between English and Spanish to learn the vocabulary of both languages.

Spanish

English

Navegación bilingüe AV²
AV² Bilingual Navigation

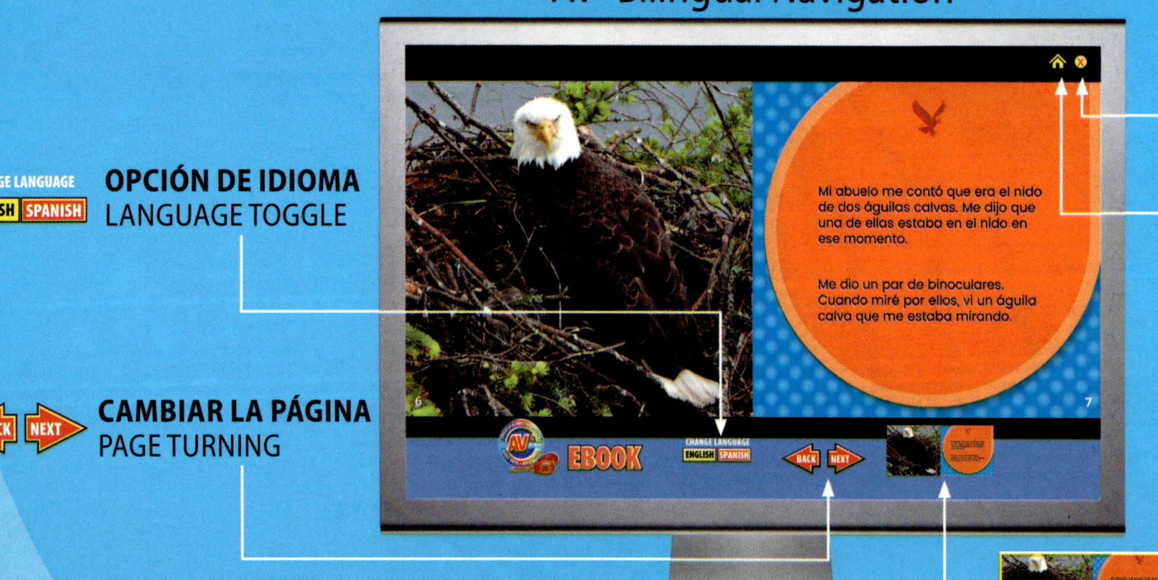

CERRAR
CLOSE

INICIO
HOME

CHANGE LANGUAGE
ENGLISH SPANISH

OPCIÓN DE IDIOMA
LANGUAGE TOGGLE

CAMBIAR LA PÁGINA
PAGE TURNING

VISTA PRELIMINAR
PAGE PREVIEW

pequeños animales del patio
Las mariposas
En este libro, te contaré sobre
su hogar
su comida
su familia
y cómo crecen.

Un día, estaba ayudando a mi mamá en el jardín cuando me llamó para que viera algo.

Miré la hoja que tenía en su mano. Tenía una bolita blanca pegada.

5

Mamá me contó que era un huevo de mariposa. Me dijo que no lo tocara.

Si dejábamos al huevo tranquilo, se convertiría en mariposa.

Unos días después, salí al jardín. El huevo ya no estaba.

Pero la hoja tenía un montón de agujeros.

Mamá me dijo que el huevo se había convertido en una oruga que se estaba comiendo la hoja para crecer.

Dijo que la oruga dejaría de comer cuando ya no necesitara crecer más.

De vez en cuando, salía al jardín para buscar a la oruga.

Un día, la encontré colgando cabeza abajo de una planta. Su cabeza se estaba poniendo verde.

14

Mamá me dijo que la oruga estaba entrando en la etapa de pupa. En esta etapa comienza a convertirse en mariposa.

Me dijo que pronto toda la oruga se volvería verde.

Todos los días, salía a ver cómo estaba la oruga. En poco tiempo, se cubrió con un caparazón duro. Le pregunté a mi mamá para qué le servía.

Me dijo que el caparazón protegía a la oruga mientras se convertía en mariposa.

Al principio, el caparazón
era verde. Cuando lo volví a ver,
era transparente y se podía ver
algo a través de él.

Mamá me contó que el caparazón
suele volverse transparente un día
antes de que salga la mariposa.

Al día siguiente, en cuanto me levanté, salí al jardín y pude ver cuando la mariposa comenzaba a salir del caparazón.

Al principio, sus alas estaban arrugadas. Luego, la mariposa comenzó a aletear. Sus alas se extendieron y aplanaron. Pronto, la mariposa se fue volando.

Pasé el resto del verano buscando más huevos.

Quería ver crecer
a otra mariposa.

¡Visita www.av2books.com para disfrutar de tu libro interactivo de inglés y español!

Check out www.av2books.com for your interactive English and Spanish ebook!

1. **Entra en www.av2books.com**
   Go to www.av2books.com
2. **Ingresa tu código**
   Enter book code

   AVV94546
3. **¡Alimenta tu imaginación en línea!**
   Fuel your imagination online!

www.av2books.com

Published by AV² by Weigl
350 5th Avenue, 59th Floor New York, NY 10118
Website: www.av2books.com

Library of Congress Control Number: 2018964735

ISBN 978-1-7911-0186-2 (hardcover)
ISBN 978-1-7911-0187-9 (multi-user eBook)

Printed in the United States of America in Brainerd, Minnesota
1 2 3 4 5 6 7 8 9 0 22 21 20 19 18

122018
111918

Project Coordinator: Heather Kissock
Designer: Terry Paulhus
Spanish Project Coordinator: Sara Cucini
Spanish/English Translator: Translation Services USA

Every reasonable effort has been made to trace ownership and to obtain permission to reprint copyright material. The publisher would be pleased to have any errors or omissions brought to its attention so that they may be corrected in subsequent printings.

The publisher acknowledges Getty and Alamy as the primary image suppliers for this title.